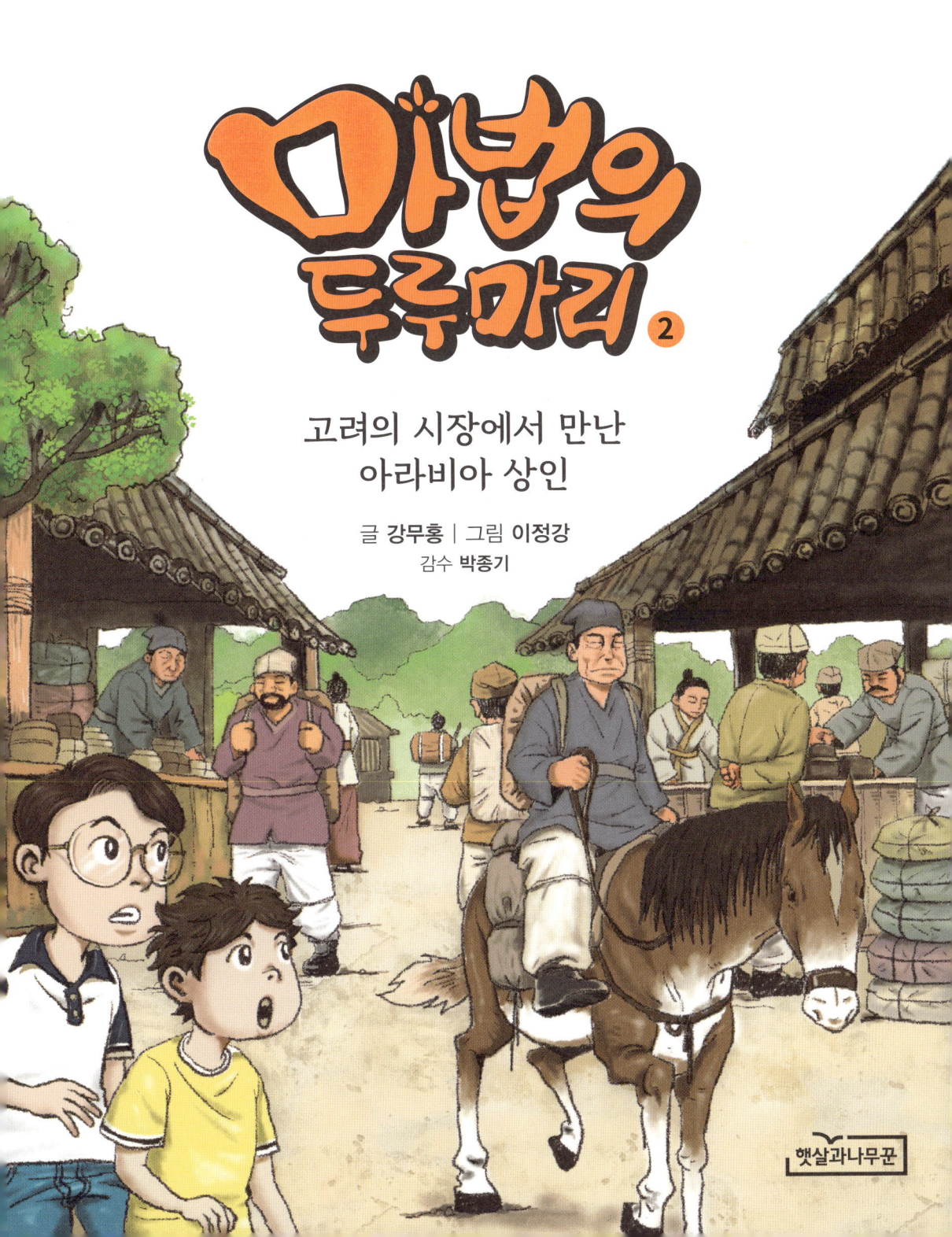

차례

1. 두루마리의 비밀 - 9

2. 다시 과거 속으로 - 21

3. 저놈 잡아라! - 31

4. 소매치기를 찾아서 - 47

고려의 시장에서 만난 아라비아 상인

- 5. 눈앞의 도둑 - 61
- 6. 어째서 너희들 것이지? - 75
- 7. 구멍! - 87
- 8. 위험한 흥정 - 95
- 9. 모래시계의 신비 - 107

부록 | 준호의 역사 노트 - 116

마법의 두루마리를 펼치기 전에

　호기심 많은 형제 준호와 민호는 역사학자인 아빠를 따라 경주의 작은 마을로 이사를 간다. 경주에 도착한 첫날, 두 형제를 기다리고 있는 것은 귀신이 나올 것만 같은 낡은 집. 준호와 민호는 몹시 실망하지만, 지하실에서 오래되어 보이는 두루마리들을 발견하고 과거 속으로 시간 여행을 떠난다.
　석기 시대의 털북숭이 원시인들에게 잡히기 직전, 마법의 두루마리가 저절로 펼쳐져 준호와 민호는 간신히 집으로 되돌아온다. 그런데 과거 여행을 다녀온 사이, 현재에서는 시간이 전혀 흐르지 않았다. 준호와 민호는 섬뜩하면서도, 자꾸만 다음 여행이 기다려지는데…….

1. 두루마리의 비밀

어제 석기 시대에 다녀온 뒤로 준호와 민호는 온통 지하실에 있는 두루마리 생각뿐이었다.

"문제는 그 두루마리야. 그걸 펼치니까 석기 시대로 들어갔잖아. 거기에 비밀이 있어."

준호가 날카롭게 지적했다.

"게다가 석기 시대에서 돌아왔더니, 현실에서는 시간이 전혀 흐르지 않았어. 석기 시대로 떠났을 때하고 똑같았다고."

민호는 침을 꼴깍 삼켰다. 어제 그 순간이 떠오르자 다시 가슴이 벌렁거렸다.

준호가 소리를 낮추고 속삭이듯 말했다.

"그러니까 그 두루마리에는 어마어마한 힘이 있는 게 틀림없어. 마법의 힘 같은 것이 말이야!"

민호는 몸을 부르르 떨었다.

지하실에, 이 집 바로 밑에 마법의 장소, 마법의 두루마리가 있다. 그 두루마리는 언제든 펼치기만 하면 자신들을 마법의 세계로 데려갈 것이다.

민호의 가슴이 세차게 뛰어올랐다.

"형, 지하실에 다시 가 보자! 또 그 원시인들을 만나서 이번에는……."

그 순간 문이 벌컥 열렸다.

준호는 얼른 아무 책이나 꺼내 들었다. 등에서 식은땀이 주룩 흘렀다.

엄마였다.

"여기서 뭐 하는 거니?"

엄마가 수상쩍은 눈초리로 물었다.

"이 더운 여름날 방 안에서 문까지 닫고. 대체 무슨 꿍꿍이야?"

민호는 놀라서 입을 벌린 채 고개를 절레절레 저었다.

"어머, 정말 수상하네? 둘 다 얼굴도 빨개지고. 너네, 무슨 일 있지? 귀신은 속여도 엄만 못 속여."

준호는 당황해서 말까지 더듬었다.

"더, 더워서 그래요. 어휴, 무지하게 덥네! 그, 그렇지, 민호야?"

민호는 그제야 벌린 입을 다물고 고개를 끄덕였다.

엄마는 잠시 의심스러운 눈으로 준호와 민호를 번갈아 보더니, 나무라듯 말했다.

"그러게 문은 왜 닫아 놓냐고. 그러니까 덥지."

그러고는 창가로 저벅저벅 걸어가 창문을 활짝 열었다. 커다란 창으로 시원한 바람이 들이쳤다.

엄마는 못내 미심쩍다는 눈빛으로 준호와 민호를 보았다. 하지만 준호가 공룡백과를 보는 척하고 민호도 책을 들여다보며 시치미를 떼자, 엄마는 고개를 갸웃거리며 방에서 나갔다.

"휴우……."

"어휴, 큰일 날 뻔했어!"

준호와 민호는 가슴을 쓸어내렸다.

"안 되겠어. 이러다 엄마한테 들키겠어. 엄마 못 듣게 뒷마당에 가서 얘기하자."

준호가 속닥거리자, 민호는 눈을 크게 뜨고 고개를 주억거렸다.

좋았어!

준호와 민호는 방 밖으로 고개를 내밀고 거실을 살폈다. 아무도 없었다. 둘은 눈짓으로 '가자!' 하고 신호를 보내고는 도둑고양이처럼 살금살금 거실을 지나 뒷마당으로 나갔다.

아무도 없는 넓은 뒷마당에는 그늘진 집의 뒷벽을 따라 낫과 호미, 망태기 같은 것들이 걸려 있고, 어디에 쓰는지 모를 굵은 밧줄과 사다리가 벽 끝에 놓여 있었다. 나지막한 흙담 쪽으로는 키 큰 풀들이 껑충하게 자라나 있고, 담 끝에 아름드리 참나무 한 그루가 큰 그늘을 드리우고 서 있었다.

준호와 민호는 집을 등지고 벽에 기대어 앉았다. 벽에서 시원한 느낌이 전해졌다.

"이제 좀 살 것 같다. 여기선 맘 놓고 얘기해도 되겠어."

민호가 큰 소리로 말했다. 뒷마당에서는 크게 떠들어도

엄마한테 들리지 않을 것 같았다.

　준호는 화들짝 놀라 얼른 주위를 둘러보았다.

　"쉿, 소리 낮춰! 누가 들으면 어쩌려고 그래."

　"에이, 형도 참, 듣긴 누가 들어? 여긴 아무도 없는데!"

　민호 말대로 뒷마당에는 커다란 참나무와 껑충하게 자라난 풀들만 있을 뿐, 준호와 민호의 말을 엿들을 만한 것이라곤 전혀 눈에 띄지 않았다.

　민호가 호기심에 차서 눈알을 또르륵 굴리며 말했다.

　"형, 우리 지하실에 다시 가 보자. 다른 두루마리도 펴 보게. 응?"

　준호는 펄쩍 뛰었다.

　"뭐? 그 무시무시한 원시인들을 다시 만나자고? 어휴, 난 싫어!"

　준호는 생각만 해도 끔찍한 듯 몸서리를 쳤다.

　하지만 민호는 끈덕지게 졸라 댔다.

　"어쩌면 다른 시대로 갈지도 몰라. 설마 저 많은 두루마리가 몽땅 석기 시대로 가는 거겠어? 조선 시대나 신라 시대로 갈 수도 있잖아. 형, 역사책 좋아하잖아. 책에서 보는 사람을 직접 만날 수 있는 기회라고."

그 말에 준호도 마음이 흔들렸다. 우리나라의 과거로 가 볼 수 있다면……. 상상만 해도 가슴이 뛰었다.

"조선 시대나 신라 시대……?"

준호가 천천히 입을 떼자, 민호는 이때다 싶었다.

"그래! 꼭 원시 시대만 있으란 법이 없잖아. 두루마리가 그렇게 많은데. 안 그래?"

준호의 머릿속에 역사책에서 본 인물들이 빠르게 스쳐 지나갔다. 13척의 배로 왜적에 맞서 쓰러져 가던 조선을 구한 이순신 장군, 백성들을 위해 한글을 창제한 세종대왕, 바다를 누비며 동아시아 무역을 주도했던 해상왕 장보고 그리고 준호가 가장 좋아하는 정조 임금님……. 그 사람들을 직접 만날 수 있다고? 저 두루마리를 펼치면 어제 원시인을 만났듯, 그들도 만날 수 있는 것일까? 준호는 심장이 벌렁거렸다.

"어쩌면 독립군을 만날 수도 있어. 그럼 난 독립군이랑 같이 일본놈들을 막 혼내 줄 거야! 얍, 얍, 하고!"

민호가 칼싸움을 하듯 허공에 팔을 휘둘렀다.

그 순간 담 너머에서 뭔가가 바스락거렸다. 하지만 준호와 민호는 이야기에 빠져 전혀 눈치채지 못했다.

"그럼 가 볼까……? 딱 한 번만?"

준호가 슬며시 말하자, 민호는 "응!" 하고 소리치며 준호와 한 손을 마주쳤다.

민호는 자리에서 벌떡 일어나 집 쪽으로 살금살금 걸어갔다. 엄마한테 들키지 않도록 발소리도 조심하면서.

하지만 낮말은 새가 듣고 밤말은 쥐가 듣는다던가.

준호와 민호가 떠난 뒤, 참나무가 서 있는 담벼락 끝에 그늘이 지는 듯하더니 뭔가가 스르르 움직였다.

문이었다. 문 같은 게 있으리라곤 상상도 할 수 없는 담벼락 끝에서, 마치 담의 일부인 듯한 문이 소리 없이 열리더니, 누군가 고개를 빼꼼 내밀고 준호와 민호의 뒷모습을 바라보았다.

장난기가 가득한 초롱초롱한 눈과 오동통한 뺨.

어제 불쑥 나타나 이 집에 얽힌 비밀을 알려 주었던 바로 그 여자아이였다.

2. 다시 과거 속으로

준호와 민호는 집 모퉁이를 돌아 살금살금 지하실 쪽으로 다가갔다. 엄마가 부엌에서 그릇을 치우고 있는지 달그락거리는 소리가 났다. 그 소리에 민호가 지하실 입구로 다가가는 소리도, 지하실 문을 여는 소리도 묻혔다.

민호가 먼저 계단 입구에 이르러 손짓했다.

'형, 빨리빨리!'

준호는 숨을 죽인 채 발끝으로 걸어가 계단으로 내려섰다. 그러고는 민호를 따라 도둑고양이처럼 살금살금 지하실 계단을 내려갔다.

"후우!"

준호와 민호는 숨을 크게 몰아쉬고는 마치 탐정이라도 된 듯 날카롭게 눈을 번뜩이며 지하실 문을 열었다. 안으로 들어서자 어제처럼 서늘한 기운이 소리 없이 몸을 휘감았다. 몸에 송송 뱄던 땀이 순식간에 기어 들어가고 땀구멍이 꽈악 조여들었다.

준호와 민호는 왠지 몸이 팽팽하게 당겨지는 느낌이 들었다. 뭔가 알 수 없는 기운이 둘을 끌어당기는 것만 같았다.

저 앞쪽에서 희뿌연 빛줄기가 종이 상자와 책 더미를 어렴풋이 비추고 있었다. 준호와 민호는 그 빛줄기를 따라 지하실을 가로질러 어제 보았던 책 더미 앞으로 갔다. 그러고는 책 더미 뒤의 좁은 틈으로 들어가 게걸음으로 골방 문 앞까지 걸어갔다.

딱히 이상한 점은 눈에 띄지 않았다. 낡은 문도, 용머리 모양의 손잡이도 모두 그대로였다. 하지만 기분이 그래서였을까. 어쩐지 알 수 없는 기운이 주위를 에워싸고 있는 것 같았다.

민호가 빨리 들어가라는 듯 어깨로 준호를 툭 쳤다.

준호는 떨리는 마음으로 빗장을 풀고 문을 밀었다.

끼익.

문이 열리고, 방 안에서 목이 탁 막히는 듯한 냄새가 났다.

준호가 방 안으로 들어가자 민호도 재빨리 따라 들어갔다.

어슴푸레한 골방에 놓여 있던 두루마리들이 차츰 또렷하게 눈에 들어왔다.

"히야, 그대로 있다!"

민호가 나지막이 소리를 지르며 책장을 들여다보았다. 책장에는 어제 보았던 대로 수많은 두루마리들이 가지런히 놓여 있었다.

준호는 어제 펼쳤던 두루마리를 찾아 두리번거렸다. 어제 지하실에서 나올 때 책장 맨 가장자리에 두고 간 기억이 났다. 책장 끝으로 손을 뻗어 더듬자, 왠지 익숙한 느낌이 드는 두루마리가 손에 잡혔다. 두루마리의 포근하고 부들부들한 촉감이 손에 와 닿자, 어제 있었던 일이 생생하게 떠올랐다.

준호는 조심스레 두루마리를 살펴보았다. 두루마리는 형겊으로 만든 것 같기도 하고 동물 가죽으로 만든 것 같기도 했다. 부들부들한 두루마리는 금방이라도 꿈틀거릴 것처럼 느낌이 묘했다. 두루마리 한가운데에는 두루마리가 쉽게 풀리지 않도록 비단 실을 여러 겹 꼬아 만든 끈이 묶여 있었다. 비록 빛이 바래긴 했지만 두루마리도, 비단 끈도 어제 짐작했던 것보다 훨씬 정교하고 우아하고 품위가 있었다.

그런데 두루마리를 묶고 있는 비단 끈에 어제는 미처 보지 못했던 아주 작은 팻말이 달려 있었다. 자세히 보니 납작한 돌로 된 붉은색 팻말이었는데, 손가락 끝으로 더듬어 보니 오돌토돌한 돌의 표면이 느껴졌다. 아마도 팻말에 뭔가가 새겨져 있는 것이 아닐까 싶었다.

"만져 봐, 꼭 글씨 같은 게 쓰여 있는 것 같지 않아?"

준호의 말에 민호도 손끝으로 팻말을 더듬어 보았지만, 도대체 무슨 글씨가 새겨져 있다는 소리인지 알 수가 없었다.

"그냥 까칠까칠한데?"

민호가 말하자, 준호는 얼른 다른 두루마리 하나를 집어 들고 살펴보았다. 그 두루마리에도 비단 끈에 아주 작은 팻말이 달려 있었다. 이번에는 붉은색이 아니라 청록색이었다. 또 다른 두루마리에도 역시 색깔 있는 팻말이 달려 있었다.

준호는 두루마리의 팻말을 가리키며 혼잣말처럼 중얼거렸다.

"이게 뭘 뜻하는 걸까?"

오늘은 두루마리를 꼼꼼히 살펴보며 비밀을 풀어 보는 것도 괜찮을 것 같았다. 그런데 민호가 대뜸 "두루마리를 펴 보면 알겠지!" 하며 들고 있던 두루마리의 끈을 휙 풀었다.

준호는 입이 쩍 벌어졌지만, 이미 늦었다. 민호가 벌써 두루마리를 펼쳐 버린 것이다.

두루마리는 마치 살아 있는 생물처럼 민호의 손에서 휘리릭 빠져나가더니 허공으로 두둥실 떠올랐다. 그러고는 어제처럼 주위가 푸르스름해지더니, 허공에 떠 있던 두루마리가 저절로 펼쳐지며 한순간 눈이 멀 듯한 푸른빛이 번쩍였다.

준호는 재빨리 팔을 쳐들고 빛을 가렸지만, 뭐라고 소리칠 틈도 없이 민호와 함께 방 안에서 사라지고 말았다. 지하실에는 또다시 먼지에 쌓인 두루마리들과 책장만이 어슴푸레한 빛 속에 우두커니 남아 있었다.

3. 저놈 잡아라!

준호는 눈이 휘둥그레져서 주위를 둘러보았다. 주위에는 온통 나무 궤짝과 자루 등이 잔뜩 쌓여 있었다. 또다시 낯선 곳으로 떨어진 것이다.

민호도 호기심 어린 눈으로 주위를 두리번거리고 있었다.

"형, 여긴 원시 시대가 아니야!"

준호는 정신을 바짝 차리고 지난번 기억을 되짚어 보았다. 그러자 두루마리에 구석기 시대의 우리나라 지도와 산, 강, 나무 등이 표시된 그림이 그려져 있었던 기억이 떠올랐다.

'두루마리를 찾아야 해. 두루마리에 있는 지도를 보면 이곳이 어느 시대인지 알 수 있을지도 몰라.'

준호는 두루마리를 찾아 주위를 두리번거렸다. 다행히 두루마리는 얼마 떨어지지 않은 곳의 궤짝과 자루 더미 아래 있었다.

준호는 얼른 두루마리를 주워 들고 훑어보았다.

그사이에 민호도 두루마리가 떨어져 있던 곳 부근에서 작은 모래시계를 발견했다.

"형, 형, 이것 좀 봐!"

민호가 흥분해서 소리쳤다. 지난번 석기 시대에서 보았던 것과 똑같이 생긴 모래시계였다.

준호도 흥분해서 소리쳤다.

"앗, 이것 봐! 두루마리에 구멍이 뚫려 있어!"

준호가 두루마리에 나 있는 구멍을 보여 주었다. 순간 민호의 눈이 휘둥그레졌다.

"어, 이건……"

두루마리 오른쪽 가장자리에 아주 작은 구멍이 뻥 뚫려 있었는데, 눈에 익은 모양이었다.

민호는 무심코 모래시계를 내려다보았다.

"이, 이건……!"

민호가 소리쳤다.

"모래시계랑 모양이 똑같아!"

민호는 모래시계와 두루마리의 구멍을 번갈아 내려다보면서, 두루마리 구멍에다 천천히 모래시계를 갖다 댔다. 모래시계가 가까워지자 두루마리가 미세하게 꿈틀거렸다. 하지만 너무 작은 움직임이어서 아이들은 미처 알아채지 못했다.

민호의 예상이 맞았다. 두루마리에 뚫려 있는 구멍은 모래시계와 크기는 달라도 모양이 완전히 똑같았다.

준호는 섬뜩한 느낌이 들었다.

"이 모래시계도 뭔가 두루마리와 관계가 있는 게 틀림없어!"

준호가 떨리는 목소리로 말하자, 민호가 믿을 수 없다는 듯이 물었다.

"형, 그럼 이 모래시계도 마법의 모래시계란 말이야?"

준호는 말없이 고개를 끄덕였다.

그 순간 멀리서 왁자지껄한 소리가 들려왔다.

"무슨 소리지?"

준호와 민호는 얼른 몸을 낮추고 소리가 난 쪽으로 다가가 보았다. 나무 궤짝이 쌓여 있는 곳 너머에 한산한 골목이 있고, 그 골목 끝에 제법 널찍한 큰길이 보였다.

준호와 민호는 골목 끝으로 살금살금 다가갔다. 그리고는 큰길가로 조심스레 나가 보았다. 순간 시끌벅적한 소리와 함께 번화한 시장 풍경이 눈앞에 확 펼쳐졌다.

왁자한 큰길에는 누런 삼베옷이나 흰옷을 입은 사람들

이 분주히 오가고 있었다. 개중에는 소가 끄는 수레에 짐을 싣고 가는 사람과 말을 타고 지나가는 사람들도 있었고, 봇짐을 지거나 보따리를 이고 지나가는 아낙네도 있었다.

준호는 얼른 골목 모퉁이에 몸을 숨기고 큰길가를 살펴보았다. 큰길가에 양쪽으로 나직한 집들이 길게 늘어서 있었는데, 한자로 휘갈겨 쓴 간판 같은 것이 걸려 있는 것으로 보아 아무래도 물건을 파는 가게 같았다. 개중에는 모자나 머리쓰개 같은 것을 진열해 놓은 곳도 있고, 인삼과 한약재를 갖다 놓은 곳이 있는가 하면, 한지로 만든 책이나 두루마리 같은 것을 전시해 놓은 곳도 있었다.

'꼭 시장 같은데…… 어느 시대일까?'

준호는 역사책에서 보았던 장면들을 떠올리며 주위를 꼼꼼히 살폈다. 어느 곳이나 물건을 사고파는 사람들로 분주했다. 옷차림이나 생김새가 특이한 사람들도 제법 눈에 띄었다. 중국 사람처럼 얼굴이 동글납작하고 고급 비

단옷을 입은 사람도 보이고, 머리에 터번을 두르고 도자기 가게에서 흥정을 벌이는 사람들도 보였다.

민호도 대번에 알아보았다.

"어, 저기 터번 쓴 사람도 있다! 아라비안나이트에 나오는 사람처럼. 그럼 여기, 우리나라가 아닌가?"

준호는 가슴이 철렁했다. 만약 민호의 말처럼 이곳이 우리나라가 아니라면…….

'그래, 지도!'

준호는 재빨리 지도를 펼쳤다. 민호는 지도에는 관심도 없이 눈을 반짝이며 지나가는 사람들을 쳐다보았다.

"어쨌든 살았다, 형. 원시인들은 아니잖아!"

하긴 석기 시대가 아닌 것만 해도 다행은 다행이었다. 그러자 마음이 놓이면서 눈앞의 풍경이 다시 보였다. 아라비아인이나 중국인 같은 사람이 제법 보이기는 하지만, 그래도 흰옷을 입은 사람들 대부분은 우리 역사책에서 많이 본 모습이었다.

게다가 두루마리를 보니, 왼쪽에 우리나라 지도가 그려져 있고 그 한복판에 동그란 점이 찍혀 있었다.

'후유……! 우리나라 맞네.'

준호는 한숨을 쉬고는, 오른쪽 지도를 훑어보았다. 오른쪽 지도에 산과 강, 길 외에 남대문처럼 생긴 문과 성곽, 대궐 같은 것이 그려져 있었다.

"우리나라 한가운데면 한양? 아니면, 혹시 개경?"

준호는 무심코 중얼거렸다.

그 순간 거리의 화려한 가게들과 머리에 터번을 두른 푸른 눈의 외국인들이 지도 속의 그림과 교차되면서 눈이 번쩍 뜨였다. 텔레비전과 역사책에서 보았던 개경의 거리와 상인들의 모습이 퍼뜩 떠오른 것이다. 책과 인삼, 비단 등의 물건을 진열해 놓은 가게들도 그렇고, 비단옷을 입은 중국 상인과 터번을 두른 아라비아 상인의 모습도 고려 시대의 풍경이 틀림없었다.

준호는 확신에 차서 말했다.

"여긴 개경이야! 고려의 수도, 개경이라고! 저 사람들은 아라비아 상인들이야!"

고려는 무역이 발달하여 송나라와 일본은 물론, 멀리 아라비아에서까지 갖가지 진기한 물건을 사고팔기 위해 수많은 상인이 몰려들던 곳이었다.

준호는 가슴이 세차게 뛰어올랐다. 세계에 코리아*라고 알려졌던 나라 고려. 그 찬란했던 고려의 무역* 도시가 바로 눈앞에 있는 게 틀림없었다!

민호가 흥분해서 소리쳤다.

"우아, 진짜? 역시 우리 형은 역사 박사야! 그럼 저 가게에 있는 게 고려 인삼……."

그 순간 미처 말이 끝나기도 전에 누군가가 민호를 툭

* 코리아

코리아는 '고려'를 일컫던 말로, 아라비아 상인을 통해 서양에 널리 알려졌다. 아라비아는 동양과 서양의 중간에 있어서 동서양의 교류에 많은 역할을 했다. 고려 시대 이후 외국에서는 우리나라를 '코리아'라고 부르게 되었다.

치고 지나갔다. 민호는 "아이쿠!" 하고 바닥에 엉덩방아를 찧고 말았다.

"앗, 괜찮아?"

준호가 놀라서 몸을 기울이는 순간, 다시 누군가가 준호의 옆구리를 치고 지나갔다. 그 바람에 준호도 민호 쪽으로 털썩 엎어지고 말았다.

잇달아 저 앞쪽에서 고함 소리가 들려왔다.

"저놈 잡아라!"

준호와 민호는 고개를 쳐들고 소리가 나는 쪽을 보았다. 머리에 두건을 쓴 남자 서너 명이 씩씩대며 준호와 민호 쪽으로 달려오고 있었다.

* 고려의 무역

송나라 상인들은 고려에 와서 비단·약재·책 등을, 거란과 여진의 상인들은 털가죽·말 등을, 아라비아 상인들은 수은·향료·산호 등을 팔고, 고려의 금·은·인삼·화문석·곡식 등을 사 갔다. 특히 이 무렵 바닷길로 아시아에 진출했던 아라비아는 동양과 서양의 물건을 활발히 중개하며 국제 무역을 이끌었다.

"이크!"

준호는 재빨리 민호를 감싸 안았다.

투닥탁탁.

투두두둑.

쓰러져 있는 준호와 민호 옆으로 수많은 발길들이 뿌연 흙먼지를 일으키며 지나갔다. 그 무시무시한 발길에 채이지 않은 것만 해도 천만다행이었다.

"민호야, 괜찮아? 안 다쳤어?"

사람들이 다 지나가자, 준호는 민호의 옷에 묻은 흙을 털어 주었다.

"우씨, 저 사람들 뭐야! 뭐 저런 사람들이 다 있냐!"

사람들이 뛰어간 쪽을 바라보며 민호가 투덜댔다.

뛰어가는 사람들 틈에서 얼핏 붉은 천 같은 것이 보였다.

바로 다음 순간 준호는 뭔가 이상한 느낌이 들었다. 갑자기 뭔가 너무 가볍고 허전했다.

"어……?"

준호는 무심코 손을 들여다보다가, 혼잣말로 중얼거렸다.

"두루마리가 어디 갔지……?"

방금 전까지 손에 있던 두루마리가 없어진 것이다.

준호는 당황해서 바닥을 내려다보았다.

하지만 바닥에는 아무것도 없었다. 사람들의 발길에 반

질반질하게 다져진 흙바닥에는 두루마리는커녕 종이 쪼가리 하나 떨어져 있지 않았다.

　준호는 숨이 넘어갈 듯 소리쳤다.

"두, 두루마리가 없어졌어!"

민호도 놀라서 소리쳤다.

"뭐? 두루마리가?"

민호도 준호와 똑같이 바닥을 살펴보았다.

하지만 역시 아무것도 없었다.

민호는 놀란 눈길로 준호를 보았다.

준호의 얼굴은 백지장처럼 하얗게 질려 있었다.

4. 소매치기를 찾아서

"아까 그 사람 짓이야! 나를 치고 지나갈 때 훔쳐 간 것 같아."

준호는 넋이 나간 듯 중얼거렸다. 고려의 수도 개경으로 자신들을 데려온 마법의 두루마리를 잃어버렸으니, 집으로 돌아갈 길이 막막했다.

준호는 하얗게 질린 얼굴로 사람들이 사라진 쪽을 쳐다보았다.

"어, 어떻게든 두루마리를 찾아야 돼. 아까 사람들이 뛰어간 쪽으로 가 보자."

준호는 무작정 사람들이 몰려간 쪽으로 휘적휘적 뛰어

갔다.

"형, 같이 가!"

민호도 뒤쫓아 가며 소리쳤다.

큰길을 따라 정신없이 뛰어가다 보니, 많은 사람들이 오가는 널찍한 네 갈래 길이 나왔다.

준호는 당황해서 사방을 둘러보았다.

도대체 여기서 어느 쪽으로 간 걸까?

번화한 거리에는 쌀과 비단과 인삼과 밥 따위를 파는 크고 작은 가게들이 수없이 늘어서 있고, 네 갈래 길* 모두 짐을 잔뜩 실은 수레와 봇짐을 진 사람들로 정신없이

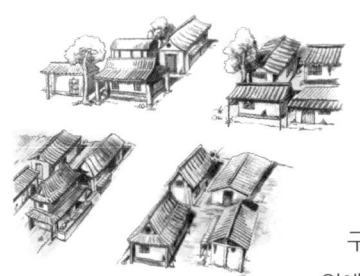

* **네 갈래 길**

십자가(十字街)라고 불렸던 네 갈래 길은, 상업이 활발했던 고려의 수도 개경에서도 가장 번화한 거리로 궁궐에서 서쪽, 남쪽, 동쪽으로 나갈 수 있는 유일한 길이었다. 길가에 가게들이 늘어서 있었고, 가구소와 경시서 같은 관청들도 자리 잡고 있었다. 또 주위에 있는 봉은사, 보제사 같은 큰 절에서 자주 불교 행사가 열렸기 때문에 언제나 사람들로 북적였다. 십자가의 동서 방향으로는 길을 따라 '앵계'라는 개천이 흘렀는데, 그 옆에도 여러 종류의 물건을 파는 가게들이 늘어서 있었다.

붐볐다.

네 갈래 길 오른쪽으로는 멀리 우뚝 솟은 산이 보였고, 그 기슭에는 대궐처럼 으리으리한 건물이 자리 잡고 있었다. 왼쪽으로는 말들이 모여 있는 넓은 공터와 하늘로 높이 솟은 거대한 탑이 있었다. 정면에는 맑은 물이 흐르는 아름다운 개천을 끼고 널찍한 길이 나 있었는데, 화려한 비단옷을 차려입은 사람들과 외국 상인이 유난히 많이 오갔다.

준호는 어디로 갈까 두리번거리다가 복잡한 사거리 한복판에 서로 마주 보고 서 있는 두 건물에서 눈길을 멈추었다. 그중 한 건물 앞에는 붉은 띠를 두른 사람들이 서 있었는데, 그 건물로 창을 든 사람 서넛이 술에 취한 두 사람을 끌고 가고 있었다.

"아, 저 자식이 잘못했다니까! 아까 다점*에서도 멋대로 차를 시키더니, 술집까지 쫓아와서는 술을 마시고 땡전 한 푼 안 내는 거야. 저 뻔뻔스러운 놈이!"

"아이고, 쩨쩨하게 그깟 차랑 술 좀 얻어먹었기로, 사람을 그렇게 두들겨 패냐, 응? 이 치사한 자식아!"

끌려가는 사람들은 싸움을 하다가 붙잡혀 온 듯 서로 욕을 퍼붓고 고함을 질러 대고 있었다. 아마도 그곳은 싸움을 하거나 죄를 저지른 사람들을 붙잡아 두는 경찰서 같은 곳인 모양이었다. 벽에는 수염을 덥수룩하게 기른, 무시무시하게 생긴 죄인들의 얼굴이 그려진 종이가 붙어 있었다.

준호와 민호는 그 광경을 멀거니 바라보다가, 누군가의 몸에 툭 부딪혔다.

돌아보니 머리를 빡빡 민 아주 인자하게 생긴 사람이 치마처럼 길고 풍성한 옷에 커다란 천 조각을 두르고, 한 손

＊ 다점

차를 파는 곳으로 대개 높은 누각에 자리 잡고 있었다. 약속과 만남의 장소로, 낮잠을 자며 쉬어 가기도 했다. 다점에서는 전라도 장흥, 경상도 화계 등에서 난 국산 차와 송나라에서 수입한 용봉차 등이 인기가 좋았다. 중국에서 당나라 때부터 차를 마시는 풍습이 크게 유행하여, 고려에서도 차를 마시는 풍습과 도자기 산업이 발달했다.

에 기다란 지팡이를 쥔 채 준호와 민호를 내려다보고 있었다.

"스님이다!"

민호는 마치 아는 사람이라도 만난 양 반갑게 웃으면서 소리쳤다. 스님이라면 왠지 뭐든지 친절하게 가르쳐 줄 것 같았던 것이다.

"야아."

준호가 민호의 옆구리를 쿡 찔렀다. 낯선 곳에서 아무한테나 함부로 말을 거는 것이 마음에 걸렸다.

하지만 민호는 아랑곳하지 않고 스님을 붙잡고 물었다.

"스님, 혹시 막 뛰어가는 어떤 사람 못 봤어요? 흰옷을 입은 사람인데요, 빼빼 마르고……."

스님은 어리둥절한 눈으로 민호를 내려다보았다. 그러고 보니 주위에 흰옷을 입은 사람이 한둘이 아니었다.

스님이 영문을 모르겠다는 듯 멀뚱멀뚱 바라보기만 하자, 민호가 다시 설명했다.

"아이참, 아까 어떤 아저씨가 우리 두루마리를 훔쳐서 이쪽으로 달아났거든요. 그 뒤를 웬 아저씨들이 '저놈 잡아라!' 하고 소리치며 쫓아갔고요. 그런데 여기서 어디로 갔는지 모르겠어요."

준호도 조심스레 끼어들었다.

"아까 빨간색 보따리를 들고 있었던 것 같은데……."

그러자 옆에서 지켜보던 쌀가게 아저씨가 나섰다. 아저씨는 아까부터 신기한 것이라도 발견한 듯 두 아이를 뚫어지게 보고 있던 터였다.

"빨간색 보따리라고? 그렇다면 혹시 곰치 녀석을 찾는 거 아니냐? 아까 인삼전에서 뭘 또 슬쩍했는지, 붉은 보따리를 들고 인삼 장수들한테 쫓겨 저쪽으로 달아나던데."

쌀가게 아저씨는 네 갈래 길의 정면을 가리켰다.

"저쪽으로요?"

민호가 묻자 아저씨가 턱을 주억거렸다.

"그래, 그쪽에 종이 가게들이 쭉 모여 있거든. 곰치 녀석, 곧잘 그쪽에서 외국 상인들과 거래를 하곤 하지."

"외국 상인이요?"

민호가 의아한 듯 묻자, 쌀가게 아저씨가 말했다.

"그래. 예성강 하구의 벽란도에 머무는 외국 상인들이나 사신들이 곧잘 그 근처에서 고려의 인삼이나 도자기 같은 걸 사거든. 아마 오늘도 곰치 녀석, 남의 인삼을 슬쩍

해서 팔려고 했던 게지. 요즘은 송나라 사람들뿐 아니라 왜(일본)나 서역(아라비아) 상인들까지 인삼을 사 가서 인삼 값이 제법 뛰었다고 하더라고."

준호는 '벽란도'라는 말에 귀가 번쩍 띄었다. 벽란도라면 밤늦도록 수많은 무역선들이 드나들었다는 고려의 그 유명한 무역 항구가 아닌가? 그 벽란도*가 코앞에 있다니, 믿어지지 않았다.

하지만 이럴 때가 아니었다. 벽란도고 뭐고, 당장 두루마리를 찾지 않으면 집으로 돌아갈 수 없었다.

* **벽란도**
예성강 하류에 있던 벽란도는 물이 깊어 배가 자유로이 드나들 수 있었던 데다, 개경에서 가까워서 국제 무역 항구로 크게 번성했다. 벽란도와 개경 서쪽에는 외국인들을 위한 전용 숙소와 상가도 있었다. 당시 아라비아는 중국 남부뿐 아니라, 한반도 인근의 중국 양주까지 진출하여 활발히 교역했다. 덕분에 한반도 서남해의 완도(통일 신라 시대에 장보고가 설치한 청해진), 서해의 벽란도(고려 시대)가 국제 무역항으로 발달할 수 있었다.

준호는 다급한 마음으로 쌀가게 아저씨가 가르쳐 준 길 쪽을 보았다.

"쯧쯧쯧, 곰치 녀석, 가구소*에서 그렇게 혼나고도 정신을 못 차렸구먼."

아저씨가 혀를 끌끌 차며 몸을 숙이고 다시 길 쪽을 가리켰다.

"저기 개천 보이지? 저 개천이 '앵계'인데, 앵계를 따라가다 보면, 종이 가게들이 모여 있는 데가 나올 게다. 종이만 전문으로 파는 곳인데, 인삼 장수들한테 안 잡혔으면 아마 그쪽으로 갔을 거야. 거기서 물어보렴. 이 바닥에서 곰치 녀석이라면 모르는 사람이 없으니까."

민호는 너무 고마워서 꾸뻑 절을 하며 큰 소리로 인사

* **가구소와 경시서**
고려 시대의 관청으로, 번화가인 십자가 한복판에서 마주 보고 서 있었다. 사람이 많이 모이는 곳에는 여러 가지 갈등과 충돌이 많아서 질서를 유지하는 기구가 필요했기 때문이다. 가구소(街衢所)는 오늘날의 경찰서나 법원 같은 곳으로, 죄인을 잡아 가두고 재판을 하며 도적을 잡아들였다. 경시서(京市署)는 시장 상인들을 감독하여 물가를 조절하고 세금을 거둬들이는 일을 했다.

했다.

"네, 고맙습니다, 아저씨!"

그러자 "잠깐!" 하고 아저씨가 두 아이를 멈춰 세웠다.

"그나저나 너희는 어느 마을 아이들이냐? 차림새가 낯선데, 아무래도 이곳 아이들 같지는 않고……."

준호와 민호는 뜨끔했다. 뭐라고 대꾸해야 의심을 사지 않을까…….

그때 쌀가게 앞에서 누군가 소리쳤다.

"여기 주인장 없소? 쌀 좀 삽시다!"

이마에 흰 머릿수건을 동여맨 건장한 청년이 쌀을 사러 왔다가 주인을 소리쳐 부르고 있었다. 천만다행이었다.

"아, 네, 갑니다!"

쌀가게 아저씨는 부리나케 가게로 뛰어갔다.

이제 거리에는 준호와 민호와 스님만이 남았다.

준호는 다급한 가운데서도 스님에게 공손히 고개 숙여 인사했다.

"스님, 고맙습니다! 덕분에 소매치기가 어디 있는지 알았어요."

민호도 덩달아 인사를 했다.

"도둑을 잡으면 다 스님 덕분이에요. 고맙습니다!"

스님은 무슨 영문인지 몰라 난처한 얼굴로 어설프게 웃으면서도 "나무관세음보살!" 하고 절을 했다. 그러고는 허리를 쭉 펴고 기다란 봉으로 멀리 있는 길을 가리켰다. 어서 가 보란 소리 같았다.

"가자!"

준호도 민호와 함께 개천 길을 따라 종이 시장 쪽으로 뛰어갔다.

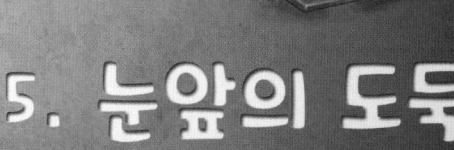

5. 눈앞의 도둑

앵계 옆으로 난 큰길을 따라서 걸어 내려가자, 쌀가게 아저씨 말대로 하얀 종이와 두루마리들을 쌓아 놓고 파는 가게들이 나타났다. 얇고 새하얀 종이에서부터 누렇고 두툼한 종이에 이르기까지 여러 종류의 한지들이 진열대에 쌓여 있었다.

  종이 가게들 옆에는 벼루나 붓, 먹 같은 것들을 파는 가게도 있었다.

  거리를 오가는 사람들은 대부분 남자들로 제법 신분이 높은 듯 하나같이 고급스러운 비단옷을 입고 비단 모자* 같은 것을 쓰고 있었다. 더러는 사극에 나오는 높은 벼슬아치들처럼 검은 두건을 쓰고 금빛으로 번쩍거리는 가죽 허리띠를 찬 사람도 있었고, 나이 든 스님이나 고고한 선비처럼 보이는 사람들도 눈에 띄었다.

이따금 아름다운 귀부인들도 보였는데, 흰 저고리에 노란 치마를 입은 평범한 여자들과는 달리 푸른색, 노란색, 주황색, 녹색 등의 화려한 비단옷*을 걸치고 얇고 검은 비

* 모자

고려 시대의 남자 어른들은 누구나 모자를 썼는데, 신분에 따라 값비싼 비단 두건에서 대나무로 만든 관, 베 두건에 이르기까지 다양한 모자를 썼다. 농민이나 상인은 네 가닥 끈이 달린 검은 두건을 썼고, 신분이 높은 사람이나 벼슬아치들은 두 가닥 끈이 달린 두건을 썼으며, 신분이 낮고 가난한 사람은 대나무로 만든 관을 직접 만들어 썼다.

* 화려한 비단옷

고려 사람들은 화려한 것을 좋아했는데, 비단도 그중 하나였다. 벼슬아치든 서민이든 붉은색, 노란색, 푸른색으로 물들인 비단으로 이불, 옷, 두건, 쓰개, 부채 등을 만들어 썼으며, 여인네들이 장신구로 달고 다니는 향주머니도 고급 비단으로 짓곤 했다. 특히 검은색 비단으로 만든 '몽수'라는 너울은 값비싼 사치품이었지만 가난한 집안의 부녀자들도 외출할 때 꼭 쓰고 다녔다.

단 너울을 쓴 채 시장에서 먹과 벼루, 종이 따위를 구경하고 있었다.

민호는 시장 구경에 온통 정신이 팔려 입을 떡 벌리고 주위를 두리번거렸다.

준호가 민호의 손을 잡아끌었다.

"아까 그 아저씨가 말한 곳이 저기 같아!"

준호는 종이 가게들을 유심히 살펴보았다.

하지만 도둑의 모습은 보이지 않았다. 흰옷을 입은 비쩍 마른 사람도, 붉은 보따리를 들고 있는 사람도 찾을 수가 없었다.

"아래쪽으로 더 내려가 보자."

준호는 민호를 데리고 개천 길을 따라 조금 더 내려가 보았다.

종이 가게들 사이로 붉은 휘장이 걸린 다점과 음식점들이 보였다. 쌀가게 아저씨 말대로 외국 상인들의 모습도 부쩍 눈에 띄었다. 제법 번화한 곳인 듯 종이 가게뿐 아니라 비단이나 옛날 책을 파는 가게들이 따닥따닥 붙어 있고, 가게마다 중국 상인이나 일본 상인, 푸른 눈의 서양인들이 고려 상인들과 흥정을 벌이고 있었다.

활기 넘치는 시장 풍경에 준호마저 눈이 휙휙 돌아갔다.

민호가 소리쳤다.

"우아! 형, 저기 저것 좀 봐! 진짜 예쁘다! 꼭 도자기 같다."

돌아보니 그릇 가게인 듯, 아름다운 푸른 물병과 오목한 대접, 작은 찻잔과 술잔 들이 진열되어 있었다. 어딘지 눈에 익은 듯한 비취빛 그릇들은 하나같이 빼어난 곡선미를 자랑하며 진열대에서 눈부시게 빛나고 있었다.

우아한 자태, 하늘을 닮은 푸른빛, 날렵하고 미끈한 곡선의 항아리,

"저, 저건……."

준호는 무심코 소리쳤다.

"고려청자다!"

고려청자*.

박물관과 책에서 수없이 봐 왔던, 유명한 고려청자가 틀림없었다. 송나라 사람들을 비롯하여 세계 곳곳에서 몰려든 상인들의 마음을 사로잡았다는 고려청자가, 얇으면서도 단단하기 그지없는 푸르스름한 비취빛 고려청자가 바로 눈앞에 있었다.

준호는 저도 모르게 가게 앞으로 다가갔다.

"형, 갑자기 그릇 가게는 왜?"

민호가 묻자 준호가 말했다.

"저거, 고려청자잖아. 그 유명한 고려청자 몰라?"

"뭐? 고려청자!"

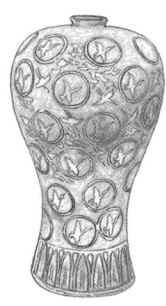

* 고려청자

고려청자는 중국의 청자에 비해 빛깔이 은은하고 맑은 비취빛을 띤다. 이 독특하고 세련된 빛깔과 미끈한 곡선미 덕분에 고려청자는 도자기의 본고장인 중국에서도 인기가 높았다. 특히 문양을 파고 그 안에 흰색이나 붉은색 흙을 메워 무늬를 넣은 상감청자는 고려청자의 독창성을 보여 준다. 당시 중국에서 차를 마시는 풍습이 유행한 덕분에 고려의 도자기 산업이 발달할 수 있었다.

그제야 민호도 눈을 반짝이며 아름다운 청자를 바라보았다.

준호는 지금까지 지나쳐 왔던 거리의 풍경과 사람들의 모습이 새삼스레 다가왔다. 청자와 인삼으로 세계 속으로 뻗어 갔던 나라 고려가 갑자기 친근하게 느껴졌다. 만약 시간이 있다면, 아니, 두루마리만 잃어버리지 않았어도 준호는 이 놀라운 무역의 도시 개경을 구석구석 구경해 보고 싶었다.

하지만 지금은 그럴 여유가 없었다. 두루마리를 찾지 못하면, 이 낯선 시간과 공간 속에 갇혀 버릴 수도 있었다. 자신들이 살던 곳으로 영원히 돌아가지 못할 수도 있는 것이다.

"이야, 진짜 예쁘다! 우리 엄마한테도 하나 갖다 주면 좋겠다!"

민호가 그새 비단 가게 앞에서 정신이 팔려 소리치자, 준호는 민호의 옷자락을 잡아당겼다.

"이러고 있을 때가 아냐. 어서 도둑을 잡아야 돼."

"아참!"

그제야 민호도 정신을 차리고는 도둑을 찾아 두리번거렸다. 하지만 모두 비슷비슷한 옷을 입은 데다, 덩치나 생긴 것도 비슷비슷해서 도무지 누가 누구인지 구분할 수가 없었다. 더구나 수많은 외국 상인까지 북적대는 통에 정신이 하나도 없었다.

"형, 저 할아버지한테 물어보자!"

민호는 거리에서 붓을 팔고 있던 할아버지 앞에서 걸음을 멈추었다.

"할아버지, 혹시 흰옷을 입고 빨간 보따리를 들고 가는 사람 못 보셨어요?"

"빨간 보따리? 허허, 글쎄다, 잘 모르겠구나."

할아버지가 눈을 반쯤 뜨고 대답하자, 준호가 용기를 내어 덧붙였다.

"아까 저 위쪽 큰길가의 쌀가게 아저씨 말로는, 그 아저씨 이름이 '곰치'라던데요. 이쪽에서 곧잘 외국 상인들한테 물건을 판다고 했어요. 여기서 물어보면 다들 아실 거라던데, 혹시 못 보셨어요?"

그러자 할아버지는 쉰 목소리로 "뭐, 곰치? 곰치 녀석 말이냐?" 하고 되묻더니, 곧바로 옆 가게 아저씨한테 소리쳤다.

"여보게, 오늘 곰치 녀석 못 봤나? 애들이 찾고 있나 본데, 어디 있는지 몰라? 나는 요새 눈이 침침해서 그런가, 곰치고 뭐고 당최 안 보여."

옆 가게 아저씨는 시큰둥하게 고개를 저었다. 가뜩이나 장사가 안 되어 기분도 좋지 않은데 뭘 그딴 걸 묻느냐는 투였다.

"모르겠다는구나. 다른 데 가서 알아봐라."

할아버지는 그렇게 말하고, 좌판에 있던 종이와 붓과 벼루 따위를 바로 놓았다.

민호와 준호는 별 수 없이 개천 길을 따라 조금 더 내려가 보았다.

　그러다가 어느 인삼 가게 앞을 지날 무렵, 장터 한구석에서 누군가 바닥에 붉은 보따리를 풀어 놓고 흥정을 벌이는 모습이 보였다.

　흰 무명옷을 걸친 호리호리한 몸집의 사내. 그리고 바닥에 놓여 있는 인삼과 그의 손에 들려 있는 낯익은 두루마리.

　'그 사람이다!'

　짜릿한 전율이 준호의 온몸을 훑고 지나갔다.

　아까 준호를 치고 지나간 그 사람이 훔친 물건들을 놓고 터번을 두른 남자와 흥정을 벌이고 있었다.

　준호는 가슴이 쿵쿵 뛰었다.

　도둑이, 두루마리를 훔쳐 간 바로 그 도둑이 코앞에 있었다.

6. 어째서 너희들 것이지?

준호는 말없이 민호의 옷을 잡아당겼다.

"왜 그래, 형?"

민호가 묻자 준호는 "쉿!" 하고 눈짓으로 건너편 구석을 가리켰다.

민호는 "읍!" 하고 손으로 자기 입을 가리며 준호가 가리키는 곳을 바라보았다.

준호는 숨을 죽인 채 도둑이 있는 곳으로 다가갔다. 민호도 조심스레 뒤따랐다. 터번을 쓴 사내의 커다란 몸집이 준호와 민호를 가려 준 덕분에, 도둑은 준호와 민호가 다가가는 것도 모르고 신나게 떠들어 대고 있었다.

"애걔, 겨우 은 세 덩이? 은병* 하나는 줘야지. 안 그래? 이게 얼마나 구하기 힘든 건데 그러쇼? 뭐, 사기 싫으면 말고."

도둑이 턱을 쳐들고 배짱을 부리자, 터번을 쓴 사내는 잠시 망설이다가 품에서 작고 납작한 은 덩어리를 두 개 더 꺼냈다. 리본 모양의 은 덩어리가 오후의 햇살을 받아 반짝하고 빛났다. 아마도 물건을 사고팔 때 쓰는 화폐인 모양이었다.

그사이에 준호는 도둑이 들고 있는 두루마리를 보았다.

둘둘 말린 두툼한 누런 종이, 단정하게 묶여 있는 자줏빛 비단 끈, 그리고 두루마리 끝에 달려 있는 작은 팻말까지, 준호와 민호가 잃어버린 그 두루마리가 틀림없었다.

* 은병

고려에서는 쌀과 베, 동전 등이 주요 교환 수단이었으나, 상업이 발달하고 송나라와 무역이 활발해지면서 큰 거래에서는 은을 주요 교환 수단으로 썼다. 은병은 은 1근을 한반도 모양으로 만든 은화로, 가치가 쌀 10~50섬과 맞먹었다.

도둑이 다시 고개를 저었다.

"아, 왜 이러시나! 은병 하나는 줘야 한다니까."

아라비아 상인인 듯한 터번을 쓴 사내는 말도 안 된다는 듯 고개를 절레절레 저었다. 그러면서도 눈앞의 두루마리가 몹시 탐이 나는 듯 입맛을 다시더니, 품에서 은병 하나를 꺼내 도둑에게 내밀었다. 허리가 잘록한 조롱박처럼 생긴 작은 은빛 병이었다.

아라비아 상인은 은병을 움켜쥐고 더는 안 된다는 듯 단호하게 도둑을 바라보았다.

그제야 도둑은 씨익 웃으며 "좋아. 더 받아야 하지만, 다음 거래를 생각해서 좀 깎아 주지 뭐." 하고는 아라비아 상인에게 두루마리를 건넸다.

준호와 민호의 운명을 쥔 두루마리가 이제 막 도둑의 손에서 낯선 아라비아 상인의 손으로 넘어가려는 참이었다.

준호와 민호는 침을 꿀꺽 삼키고 서로에게 눈짓을 보냈다. 마침내 아라비아 상인*이 흥분한 얼굴로 두루마리를 받아 들려는 순간, 준호와 민호가 두 사람 사이로 뛰어들며 소리쳤다.

"잠깐만요! 그 두루마리는 우리 거예요. 이리 내놔요!"

준호가 두루마리 봉을 꽉 움켜쥐었다.

민호도 도둑의 바짓가랑이를 붙잡고 늘어졌다.

"내놔요! 이건 우리 거예요. 아저씨가 훔쳐 갔잖아요!"

도둑은 당황해서 어쩔 줄을 몰라 했다.

"아니, 이놈들이! 내가 언제 훔쳐 갔다고 그래?"

도둑은 두루마리를 움켜쥔 채 한 손으로 민호를 떼어 놓으려고 기를 썼다. 하지만 민호는 더욱더 악착같이 도둑의 다리를 붙들고 늘어졌다. 준호도 준호대로 두루마리를

*** 아라비아 상인**

외국과 무역이 매우 활발했던 고려의 수도, 개경의 시장에는 외국 상인들이 많이 드나들었는데, 터번을 두른 아라비아 상인들도 그중 하나였다. 고려 현종 때는 두 번에 걸쳐 100명이 넘는 아라비아 상인들이 찾아와 여러 가지 물건을 바쳤고, 정종 때도 귀한 의약품과 수은을 가져왔다는 기록이 있다.

움켜쥐고 잡아당겼지만, 혹시라도 두루마리가 찢어질까 싶어 힘껏 잡아챌 수가 없었다.

"놔, 이거! 놔, 놓으란 말야!"

민호가 붙들고 늘어지는 바람에 바지가 흘러내리자, 도둑은 바지춤을 붙잡고 악을 썼다.

아라비아 상인은 느닷없는 사태에 몹시 놀란 듯, 눈을 끔벅이며 갑자기 나타난 두 아이와 도둑을 번갈아 쳐다보았다.

도둑이 씩씩대며 소리쳤다.

"야, 인마, 이 두루마리가 너네 거라는 증거라도 있냐? 이건 우리 삼촌이 배에서 쓰던 지도란 말야, 이 버르장머리 없는 녀석들아!"

하지만 준호와 민호도 순순히 물러서지 않았다.

"거짓말! 아저씨가 훔쳐 갔잖아요! 어서 내놔요!"

아이들이 계속 아우성을 치자, 아라비아 상인은 고개를 갸웃거리며 도둑을 빤히 바라보았다.

도둑도 그 눈빛을 의식한 듯 아라비아 상인의 눈치를 살폈다.

터번을 쓴 사내가 손가락으로 두루마리와 아이들을 번갈아 가리켰다.

"이거, 너 거?"

준호는 두루마리를 움켜쥔 채 "네, 네!" 하고 고개를 마구 끄덕였다.

도둑이 발끈했다.

"아니, 무슨 소리를 하는 거요? 지금 나를 의심하는 거요? 지도*가 얼마나 귀한 건데, 이 코흘리개 꼬맹이들이 어떻게 지도의 임자란 말이요?"

아리비아 상인의 얼굴이 점차 굳어졌다.

"나, 문제 있는 거 싫어. 지금, 당신 거라는 증거 없어."

그러고는 은병을 도로 품 안에 집어넣었다.

도둑이 당황해서 소리쳤다.

"뭐, 뭐요! 아니, 사기 싫으면 안 사면 그만이지, 이게

> *** 지도**
>
> 옛날에는 개인이 지도를 만들 수도, 소유할 수도 없었다. 오직 나라에서만 군사와 교역의 필요에 따라 지도를 만들고 볼 수 있었다. 지도에는 그 나라의 중요한 정보가 많이 들어 있었기 때문에 나라 밖으로 갖고 나갈 수도 없었다. 그래서 지도는 비싼 값에 은밀히 거래되었다. 지도 제작 기술이 발달하지 않았던 고려는 이웃의 송나라 등에서 지도를 몰래 베껴 오곤 하여 원성을 사기도 했다.

무슨 짓이오? 좋아, 정 그렇다면 그만두구려! 어디, 당신 밖에 팔 데가 없는 줄 아쇼?"

도둑은 자못 큰소리를 치고는 곁눈질로 아라비아 상인의 눈치를 슬쩍 살폈다. 아라비아 상인도 움찔하며 도둑의 눈치를 살피더니, 깊고 푸른 눈으로 준호와 민호를 물끄러미 내려다보며 턱을 만지작거렸다.

준호와 민호는 두루마리와 도둑의 바짓가랑이를 붙잡은 채 사내의 표정을 살폈다.

갑자기 아라비아 상인이 손가락을 튕기며 말했다.

"좋아! 이 두루마리에 뭐 있는지 말해. 너희도 말해. 이

거 주인, 뭐 있는지 다 알아. 안 그래?"

　아라비아 상인은 자신이 말해 놓고도 너무나 마음이 드는지 씨익 웃음을 떠올렸다.

　민호도, 준호도, 도둑도 이 뜻밖의 제안에 일제히 입을 벌린 채 멍하니 사내를 쳐다보았다.

7. 구멍!

"아, 있긴 뭐가 있어! 지도에 있는 게 다 뻔하지."
도둑은 퉁명스레 대답했다.
"아까도 말했다시피, 이건 개경 지도요! 그러니 뭐, 송악산이나 궁궐 같은 게 그려져 있고, 비단 가게니 인삼 가게니 하는 가게 따위가 나와 있지, 뭐."
아라비아 상인이 "으음." 하고 고개를 끄덕였다. 그러고는 준호와 민호에게 눈길을 돌렸다.
"어서 말해, 형!"
민호가 도둑의 바짓가랑이에 매달린 채 소리쳤다.
갑자기 준호의 얼굴이 벌게졌다. 이럴 줄 알았으면 아까 좀 더 자세히 봐 둘걸 하는 후회가 밀려들었다.

준호는 영 자신 없는 투로 대답했다.

"저기, 그러니까 산이랑 강이랑 절 같은 게 그려져 있고요……."

준호가 우물쭈물 대답하자 도둑은 의기양양하여 큰소리를 쳤다.

"야, 그건 방금 내가 했던 말이잖아! 여보슈, 그러게 내 뭐랬소? 철부지 아이들 말만 믿고 이게 무슨 꼴이오? 이거, 억울해서라도 은병 하나로는 안 되겠군. 값을 더 쳐주셔야겠소! 안 그렇소?"

도둑은 아이들에게 눈을 부라리며 호통을 쳤다.

"예끼 이놈들! 엉뚱한 사람한테 도둑이라니! 고얀 놈들, 가구소에 끌려가서 매질을 당하고 싶으냐? 혼꾸멍나고 싶은 게야?"

그 순간 민호의 머릿속에 무언가가 벼락같이 떠올랐다.

"구멍! 그래, 맞아! 구멍!"

그때까지 도둑의 다리를 붙잡고 있던 민호가 벌떡 일어나며 소리쳤다.

"아저씨, 잠깐만요!"

민호가 소리치자 터번을 쓴 사내가 돌아보았다.

"지도에 구멍이 뚫려 있을 거예요! 모래시계 모양의 아주 작은 구멍이요!"

그 순간 준호도 두루마리에 뚫려 있던 구멍이 떠올랐다.

"맞아, 구멍이 있었어! 두루마리 오른쪽에 요만한 구멍이 뚫려 있었어요."

준호는 엄지로 손가락 끝을 짚어 사내에게 내밀어 보여 주었다.

도둑이 소리쳤다.

"구멍은 무슨 구멍! 멀쩡한 지도에 구멍이 뚫려 있을 턱이 있나?"

도둑은 지도의 값어치가 떨어질까 봐 당황스러운 듯 아이들에게 눈을 부라렸다.

아라비아 상인이 묘한 눈길로 도둑을 보았다. 그러고는 사실을 확인하기 위해 두루마리를 펴고 자세히 들여다보았다. 지도에 구멍이 났다면 흥정을 다시 해 봐야 한다. 아무리 지도가 귀한 물건이라지만, 흠이 있는 물건을 비

싸게 살 수야 없지 않은가.

이내 아라비아 상인이 천천히 고개를 끄덕였다. 아이들 말대로 지도에는 놀랍게도 모래시계 모양의 작은 구멍이 뚫려 있었다.

아라비아 상인은 아이들에게 말했다.

"구멍, 진짜 있어. 이 지도, 너희 거 맞아."

그러고는 도둑을 점잖게 꾸짖었다.

"당신, 나쁜놈! 이거, 아이들 거 훔쳤어! 이거, 당신 거 아니야. 이거 주인한테 돌려줘. 안 돌려주면, 당신, 가구소 가자!"

'가구소'라는 말에 도둑의 얼굴이 사납게 일그러졌다.

"이런, 망할 놈들!"

도둑은 욕을 퍼부으며 슬금슬금 뒷걸음치더니, 홱 돌아서서 줄행랑을 쳤다.

"어휴우……!"

준호와 민호는 그만 다리에 힘이 풀려 바닥에 털썩 주저

앉았다. 드디어 마법의 두루마리를 찾은 것이다!

아라비아 상인도 입술을 모아 후우 한숨을 내쉬었다.

"도둑, 부자될 뻔했어. 나 때문에. 도둑, 좋았다 망했어. 하하하하!"

그러고는 천천히 두루마리를 내밀었다.

준호와 민호는 얼른 두루마리를 잡으려고 손을 뻗으며 인사했다.

"고맙습니다, 터번 아저씨! 아저씨 덕분에 지도를 찾았어요. 정말 고맙습니다!"

하지만 두루마리를 잡는 순간 아라비아 상인이 "아, 잠깐!" 하고 두루마리를 쥔 손에 힘을 꽉 주었다.

준호와 민호는 고개를 쳐들고 사내를 보았다.

아라비아 상인의 푸른 눈이 야릇하게 빛나고 있었다.

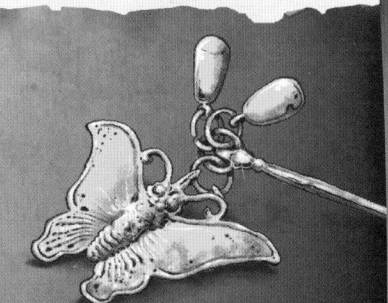

8. 위험한 흥정

"나, 이거 살게. 팔아."

아라비아 상인이 말했다.

민호가 눈을 반짝이며 준호를 보았다. 준호는 눈을 끔벅거리고는 상인을 쳐다보았다.

아라비아 상인이 허리춤에서 작은 헝겊 주머니 하나를 꺼냈다.

"이거 다 줄게. 이거, 인디아 거. 매우매우 귀한 거야."

상인이 주머니의 끈을 풀어 안에 있는 내용물을 준호와 민호에게 보여 주었다. 주머니 안에 쥐똥처럼 생긴 까맣고 동그란 것들이 들어 있었는데, 어디선가 맡아 본 듯한 냄새가 났다.

'이게 무슨 냄새더라?'

준호는 고개를 갸웃거리며 주머니 안을 다시 한 번 들여다보았다. 민호가 주머니 안에 코를 박고 킁킁거리다가 매운 냄새 때문에 "에취!" 하고 재채기를 했다.

아라비아 상인이 말했다.

"이거, 후추. 매우매우 비싼 후추. 두루마리, 나한테 팔아. 이 후추, 다 줄게. 이거, 좋은 거래, 매우매우 좋은 거래! 고려에 후추* 귀해. 매우 귀해."

갑자기 민호가 우하하하 웃음을 터뜨렸다.

"아유, 후추였구나! 에이, 아저씨도 참, 후추가 뭐가 그

* **후추**

인도 남부가 원산지인 후추나무의 열매로, 고기의 누린내를 없애 주는 향신료로 쓰였다. 아라비아 상인들은 인도에서 후추를 수입하여 금이나 은보다 비싼 값에 유럽에 팔았다. 우리나라에는 고려 중엽에 송나라에서 전해진 것으로 추정되며, 고려 말에 이르러서는 중국뿐 아니라 동남아에서 직접 들여오기도 했다. 후추는 아주 귀한 수입품이었기 때문에 귀족들만 먹을 수 있었다.

렇게 귀해요? 우리 집엔 이것보다 훨씬 많은 후추가 있는데요, 뭐."

아라비아 상인은 자못 놀란 눈으로 민호를 보았다.

"뭐? 집에 많아? 후추 많아? 진짜?"

사내는 당황스러운 표정으로 후추와 민호를 번갈아 쳐다보았다.

"다른 건 없어요?"

민호가 묻자 준호가 펄쩍 뛰었다.

"야, 무슨 소리야? 집에 안 갈 거야? 이 두루마리가 없으면 집에 못 돌아가잖아!"

그 순간 아라비아 상인이 "아!" 하고 손뼉을 치더니, 안주머니에서 반짝이는 금붙이를 꺼냈다. 세련된 나비 장식이 달린 금귀이개*로 너무나도 화려하고 아름다웠다.

"우아!"

민호는 눈이 휘둥그레졌다.

준호는 가슴이 철렁했다.

민호는 곤충이라면 사족을 못 썼다. 연필에는 작은 무당벌레들이 수없이 찍혀 있었고, 필통에는 장수하늘소 무늬가 들어 있었으며, 책가방에는 커다란 거미 스티커가 붙어 있었다. 또 벽지에는 딱정벌레와 노린재 등 온갖 곤충들의 스티커가 수도 없이 붙어 있었고, 젓가락 끝에는 여왕벌이 달려 있었으며, 잠옷에는 쇠똥구리가, 베개에는 잠자리가, 이불에는 사슴벌레가 잔뜩 그려져 있었다.

그런데 곤충의 여왕, 나비가 나타난 것이다!

"민호야!"

준호가 소리쳤지만, 민호는 이미 나비 장식품에 빠져 입을 헤벌리고 있었다.

"이거, 좋아? 매우 좋아?"

* **금귀이개**

사치스럽고 화려한 것을 좋아했던 고려인들은 비단, 청자 등과 더불어 금과 은으로 만든 반지와 귀걸이 같은 장식품으로 치장하기를 즐겼다. 금귀이개도 그중 하나로 나비나 벌 모양으로 정교하게 만들어 머리꽂이로도 썼다.

터번을 쓴 사내가 묻자, 민호는 나사가 풀린 듯 마냥 고개를 끄덕였다.

"정신 차려, 민호야!"

준호는 화들짝 놀라 아라비아 상인에게 소리쳤다.

"안 돼요, 아저씨! 저 두루마리가 없으면, 저희는 집에 돌아갈 수가 없어요. 그러니까 저 두루마리는 절대로 팔 수 없어요!"

"절대 안 팔아? 왜?"

상인은 이해할 수 없다는 듯 어깨를 으쓱했다. 하지만 단호히 고개를 젓는 준호의 태도를 보고는 아쉬운 듯 입맛을 다셨다.

마침내 아라비아 상인은 노련한 장사꾼답게 후추를 움켜쥐고는 깨끗이 물러났다.

"너희 싫으면, 거래 안 돼. 좋아, 다음에 좋은 물건 나한테 먼저 가져와. 팔 수 있는 거. 나. 좋은 값 줘. 나, 좋은 상인. 응?"

그러고는 눈을 찡긋했다.

민호는 아쉬운 듯 발을 동동 굴렀다. 하지만 준호의 단호한 태도에 눌려 입도 뻥긋 못했다.

"네, 아저씨. 다음에 그럴 기회가 있으면, 꼭 아저씨한테 팔게요. 안녕히 가세요!"

준호는 황급히 인사하고는 버둥대는 민호를 끌고 서둘러 시장 길을 빠져나갔다.

벌써 시간이 한참 지난 듯, 해가 제법 서산 쪽으로 기울어 있었다.

종이 가게와 벼루 가게들이 늘어선 길을 따라 한참 가다 보니, 큰길에서 개천 쪽으로 내려가는 작은 샛길이 나타났다. 준호는 여전히 시장 구경에 정신을 빼앗긴 민호를 데리고 사람들의 눈을 피해 작은 샛길로 접어들었다.

샛길 밑으로 내려가자, 번잡한 시장통과 달리 한적하고 고요한 들판이 나타났다. 그 들판 너머로 맑은 물이 흐르는 개천이 보였다. 방금 전까지 그렇게 복잡한 곳이 있었는데, 바로 뒤에 이렇게 한적한 들판이 있다는 게 도무지 믿어지지 않았다.

"형, 다리 아프다. 배도 고프고!"

민호가 털썩 주저앉았다. 시장 길을 벗어나자 긴장이 풀린 것이다.

준호도 그 옆에 주저앉았다. 너무 지쳐서 단 한 발짝도 걸을 수가 없을 것 같았다. 준호는 숨을 후우 내쉬고는, 두루마리를 펴고 가만히 들여다보았다. 너무 지치고 힘들어서 빨리 집으로 돌아가고 싶은 마음뿐이었다.

어떻게 해야 집으로 돌아갈 수 있을까?

준호는 막막했다.

그때 마치 아이들의 마음에 대답이라도 하듯 어디선가 부드러운 한 줄기 바람이 불어왔다. 그러자 기다렸다는 듯이 준호가 쥐고 있던 두루마리가 꿈틀대기 시작했다. 두루마리는 미끄러지듯 준호의 손에서 빠져나가더니 허공으로 두둥실 떠올랐다. 그와 동시에 민호의 주머니에 들어 있던 모래시계가 꿈틀꿈틀 밖으로 빠져나왔다. 놀랍게도 모래시계는 준호와 민호의 눈앞에서 두루마리 속으로 날아 들어가 박혔다.

"어, 어, 형, 저거……!"

민호가 소리를 지르는 순간, 갑자기 지도에서 눈이 멀 듯한 푸른빛이 번쩍 빛났다.

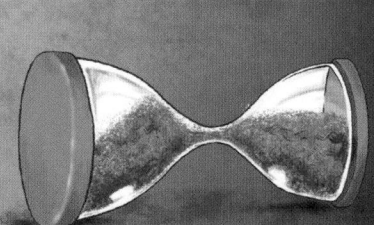

9. 모래시계의 신비

"형, 방금 봤어? 모래시계가 두루마리로 날아가서 박히는 거?"

어느덧 준호와 민호는 지하실에 돌아와 있었다. 하지만 민호는 집으로 돌아온 것보다 방금 전에 본 광경에 더욱 흥분해 있었다.

"모래시계가 두루마리에 들어갔어! 내 주머니에 있던 모래시계가 휙 날아갔어! 두루마리랑 합체한 거야! 합체!"

민호가 소리치자 준호도 믿어지지 않는다는 듯 입을 벌린 채 고개를 끄덕였다.

"형, 그 모래시계, 두루마리에 있었던 게 틀림없어! 그러니까 두루마리에 있었던 구멍도 그 모래시계가 있던 자리였던 거야. 그렇지, 형!"

민호는 흥분해서 떠들었다.

준호도 조금 전에 본 놀라운 광경에 넋이 나간 듯, 뭔가에 홀린 사람처럼 중얼거렸다.

"하지만 어떻게 그 작은 구멍 속으로 들어간 걸까……?"

두루마리에 나 있던 구멍은 모래시계와 모양이 똑같았다. 하지만 분명히 크기가 달랐다. 그런데도 두루마리 속으로 빨려 들어가다니!

준호는 정신을 차리려는 듯 고개를 흔들었다. 어쨌든 모래시계가 두루마리 속으로 돌아가는 순간, 빛이 번쩍이며 두루마리의 마법이 작동한 것은 틀림없는 사실이다. 어쩌면 두루마리는 엄청난 마법을 지니고 있는지도 모른다.

"그렇다면 모래시계는 언제 두루마리에서 나오는 거지? 또 언제 두루마리로 돌아가는 거고?"

준호가 중얼거리자, 민호가 대꾸했다.

"아무튼 과거로 갔을 때는 분명히 두루마리 밖에 떨어져 있었어. 현재로 올 때는 다시 두루마리로 돌아가고. 그렇지, 형?"

민호의 말에 준호는 문득 아라비아 상인과 했던 아슬아슬한 흥정이 떠올랐다.

"그보다 민호야, 너 어떻게 그럴 수가 있어? 아무리 나비 장식이 탐이 나도 그렇지, 어떻게 두루마리랑 바꿀 생각을 할 수가 있냐? 하마터면 큰일 날 뻔했잖아!"

준호는 새삼 그때의 놀란 기억이 떠오르는 듯 가슴을 쓸어내리며 민호를 나무랐다.

민호가 헤헤 웃으며 머리를 긁적였다.

"형도 참! 내가 설마 정말로 바꿀 생각이었겠어? 난 그냥 구경만 하려고 그랬던 거야. 아, 아무튼 미안, 미안!"

민호는 혀를 쏙 내밀었다.

준호는 웃음이 나왔지만, 꾹 참았다.

무사히 돌아왔다는 안도감 때문일까, 아니면 뭔가 모험

을 했다는 뿌듯함 때문일까. 준호는 왠지 모르게 가슴에 묵직한 느낌이 들면서 기분이 좋았다.

하지만 앞으로 마법의 두루마리로 짜릿한 역사 여행을 계속하려면 이참에 단단히 일러둬야 할 것 같았다.

"민호야, 다음부터는 절대로 그러면 안 돼. 두루마리를 잃어버리면, 그 시대에 갇혀 영원히 집으로 못 돌아올 수도 있단 말이야."

순간 민호의 눈이 초롱초롱해졌다.

"다음부터 절대 그러면 안 된다고? 형, 그럼 다음에 또 가는 거야? 우아, 신난다!"

민호는 신이 나서 펄쩍펄쩍 뛰었다.

준호는 풋 하고 웃음이 나왔다. 방금 고려 시대에서 그토록 고생을 하고 돌아왔는데도 금세 다음에 갈 여행 생각에 신이 나서 뛰어다니다니.

"으이구, 못 말린다, 못 말려!"

준호는 고개를 절레절레 저으며 한숨을 쉬었다. 그리고는 벅찬 마음으로 방금 고려 시대에서 겪었던 일들을 찬찬히 떠올려보았다.

거리에서 만난 스님과 친절한 쌀가게 아저씨, 못된 도둑과 신기한 아라비아의 상인, 그리고 도둑을 찾아 헤매면서 보았던 개경의 번화한 시장 거리와 아름다운 청자를 비롯한 온갖 진기한 물건들, 색색의 비단옷을 차려입고 분주히 오가던 고려 사람들.

바로 조금 전까지 자신이 그곳에 있었다는 게 믿어지지 않았다.

준호는 자기도 모르게 흐음 하고 숨을 깊이 들이마셨다.

그때 어디선가 모기 소리만 한 소리가 아득하게 들려왔다.

준호와 민호는 어스름 속에서 가만히 귀를 기울였다.

"민호야, 준호야, 밥 먹으라니까!"

소리는 작아도 꽤 화가 난 듯 가시가 돋쳐 있었다.

"이크, 엄마 화난 것 같아. 어서 올라가자!"

준호는 재빨리 책장 끝에 두루마리를 올려놓고 골방을 나섰다. 그러고는 한달음에 달려가 지하실 문을 홱 열어

젖혔다.

그러자 모기만 하던 엄마 목소리가 갑자기 확 커졌다.

"밥 먹으라니까, 얘들이!"

준호와 민호는 얼른 계단을 뛰어 올라갔다.

"같이 가, 형!"

민호가 다람쥐처럼 쫓아가며 소리쳤다.

아이들이 사라진 지하실에는 이제 마법의 두루마리들만이 우두커니 남아 있었다. 마법의 침묵 같은 정적이 신비에 싸인 지하실을 무겁게 내리누르는 가운데.

 준호의 역사 노트

과거 여행을 다녀온 뒤, 역사 박사 준호는 도서관과 아빠의 서재를 들락거리며 고려 시대 연구에 몰두했다. 준호는 무엇을 알아냈을까?

 고려는 왜 상업과 교역이 발달했을까?

고려를 세운 왕건은 나라가 부강해지려면 다른 나라와의 무역을 통해 이익을 얻어야 한다고 강조했다. 왕건은 개경으로 도읍을 옮긴 뒤, 곧바로 시전을 설치하여 상업을 적극 장려하였다. 제15대 왕인 숙종도 상업이 농업과 더불어 나라의 근본이 된다고 보고 상업을 권장하였다.

덕분에 고려는 중국의 송은 물론, 일본, 유구(오키나와), 섬라(태국), 대식국(사라센 제국)까지 세계의 수많은 나라와 무역을 했다. 그 가운데서도 송나라와 대식국의 아라비아 상인들과 가장 무역이 활발했다. 당시는 아라비아가 뱃길로 인도를 거쳐 아시아까지 진출하여 세계 무역을 주도하던 시기로, 특히 중국 남동부를 통해 세계 무역이 활발하게 이루어지던 때였다.

당시 고려에서는 팔관회 같은 중요한 행사 때에 주로 무역이 이루어졌다. 송, 여진, 섬라, 일본, 아라비아의 상인들이 와서 왕에게 공물을 바치면, 그 답례로 비단이나 인삼 등을 주었다. 외국 상인들은 이 답례품을 개경 시장에 내다 팔거나, 필요한 물품으로 교환하거나, 다른 나라로 가져가 팔았다.

태안해양유물전시관에 전시되어 있는 마도 1호선(위)과
목포해양유물전시관에 전시되어 있는 완도선(아래).
고려 시대 무역선의 모습을 짐작할 수 있다.

벽란도는 어떻게 국제 무역항이 되었을까?

개경에서 서쪽으로 30리쯤 떨어진 예성강 하구에 위치한 벽란도는 수도인 개경으로 가는 관문이자, 외국의 새로운 문물이 들어오는 창구였다. 벽란도는 수많은 외국의 사신들과 상인들이 드나들던 국제 무역항으로 늘 무역선과 사람들로 북적였다. 머나먼 외국에서 온 상인들은 '벽란정'이라는 외국인 전용 숙소에서 머물며 장사를 했다.

신안선의 무역품들
전라남도 신안군 앞바다에 가라앉은 신안선에서 발굴한 도자기들. 신안선은 고려 시대에 중국과 일본을 오가던 무역선이다.

고려 먹
'단산오옥'('단양의 먹'이라는 뜻)이 새겨진 먹, 먹과 종이 등 고려의 문방구는 질이 좋기로 유명했다.

청동거울
'고려국조'가 새겨진 청동거울. 당시 중국에서는 거울 만드는 것을 금지했기 때문에, 거울은 고려의 주요 수출품 중 하나였다.

해동통보
적은 액수의 거래를 위하여 1102년 구리로 만든 해동통보가 발행되었다. '해동'은 중국의 바다 동쪽에 있는 나라, 곧 우리나라를 가리키고, '통보'는 국가에서 만들어 유통시킨 동전을 뜻한다.

나전칠기
나전국화넝쿨무늬자합. 광채가 나는 자개 조각을 여러 가지 모양으로 박아 넣거나 붙인 나전칠기도 고려의 인기 수출품이었다.

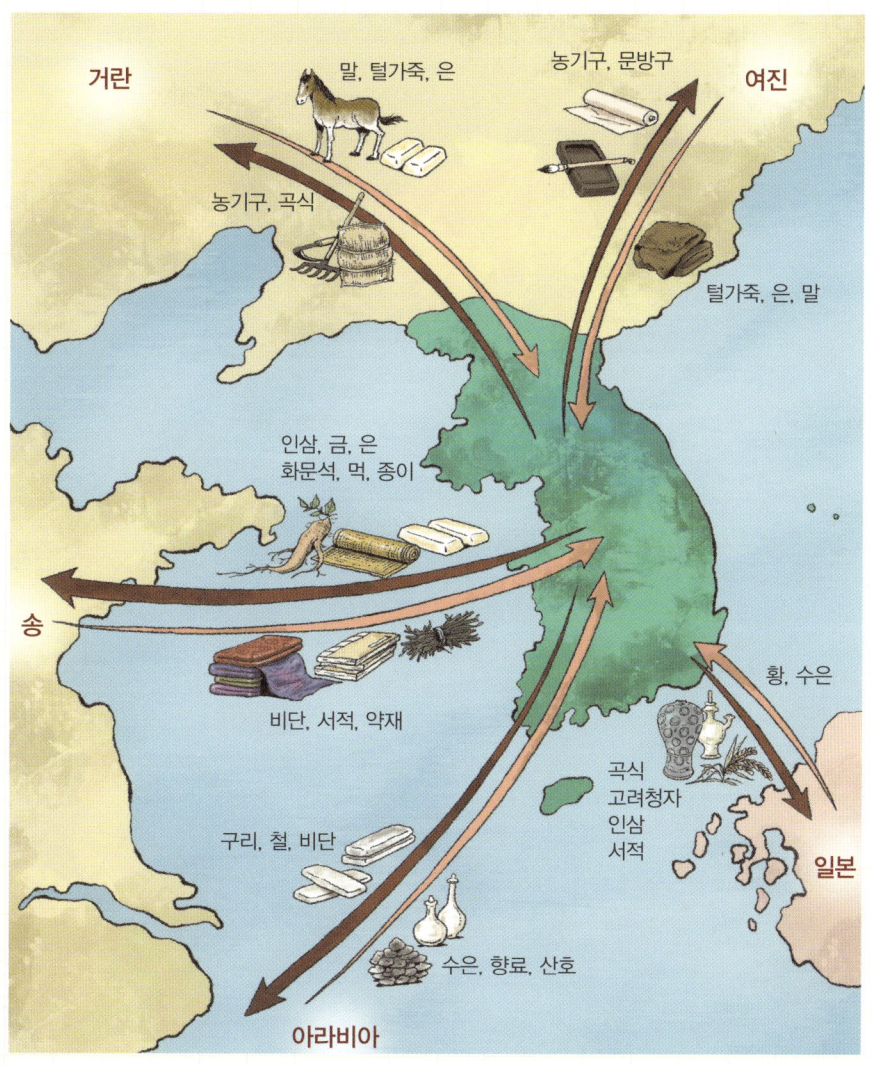

송나라는 고려의 대외 무역에서 가장 큰 비중을 차지한 나라였다. 고려는 송에서 비단, 약재, 서적, 자기 등을 수입하고, 종이, 인삼, 나전칠기 등을 수출했다. 거란과 여진은 은을 가지고 와서 농기구나 먹을 것으로 바꾸어 갔다. 일본은 수은, 황 등을 인삼이나 서적, 먹을 것 등으로 바꾸었다. 아라비아 상인들은 수은, 향료, 산호 등을 팔았다. 중국과 일본 사이에 위치한 우리나라는 당시 한중일 교역을 중개하며 동아시아 무역을 주도했다.

개경의 시장은 어떤 모습이었을까?

개경에는 '십자가'라는 커다란 네 갈래 길이 동서남북으로 나 있었다. 그중 남대문에서 궁궐까지 쭉 뻗은 길을 '남대가'라고 했는데, 그 길을 따라 나라에서 운영하는 시장인 '시전'이 자리 잡고 있었다.

그밖에도 개경에는 십자가를 따라 흐르는 개천인 앵계 주변에 종이를 파는 '지전', 말을 파는 '마전', 돼지를 파는 '저전' 등 전문 시장이 늘어서 있었다.

시장에는 송나라와 일본, 아라비아 등에서 들여온 비단, 차, 진주, 악기, 감귤, 후추 같은 진귀한 물건들이 많았다. 다점, 주막, 밥집 등 장을 보러 온 사람들이 배도 채우고 쉬어 갈 수 있는 가게도 있었다.

차를 파는 다점

쇠로 만든 농기구 등을 파는 가게

종이, 먹, 붓 등을 파는 가게

✏️ 시장의 역할

경제생활의 중심지

개경의 시장은 온갖 물건이 넘쳐 났고, 물건을 사고파는 사람들의 발걸음이 끊이지 않는 경제생활의 중심지였다. 시장 근처의 보제사, 봉은사 등의 절에서는 요즘의 은행처럼 쌀이나 베를 농민들에게 꾸어 주고 이자를 붙여 받기도 하고, 여행자를 위한 숙박 시설도 운영했다.

풍기 단속

많은 사람들이 오가는 시장은 범죄자에게 죄를 묻기에도 적합한 장소였다. 시장에는 목에 칼을 쓴 범죄자가 끌려 나오거나 죄인의 잘린 목 등이 내걸리곤 했다.

빈민의 구휼

시장은 가난한 사람들이 끼니를 해결할 수 있는 장소이기도 했다.

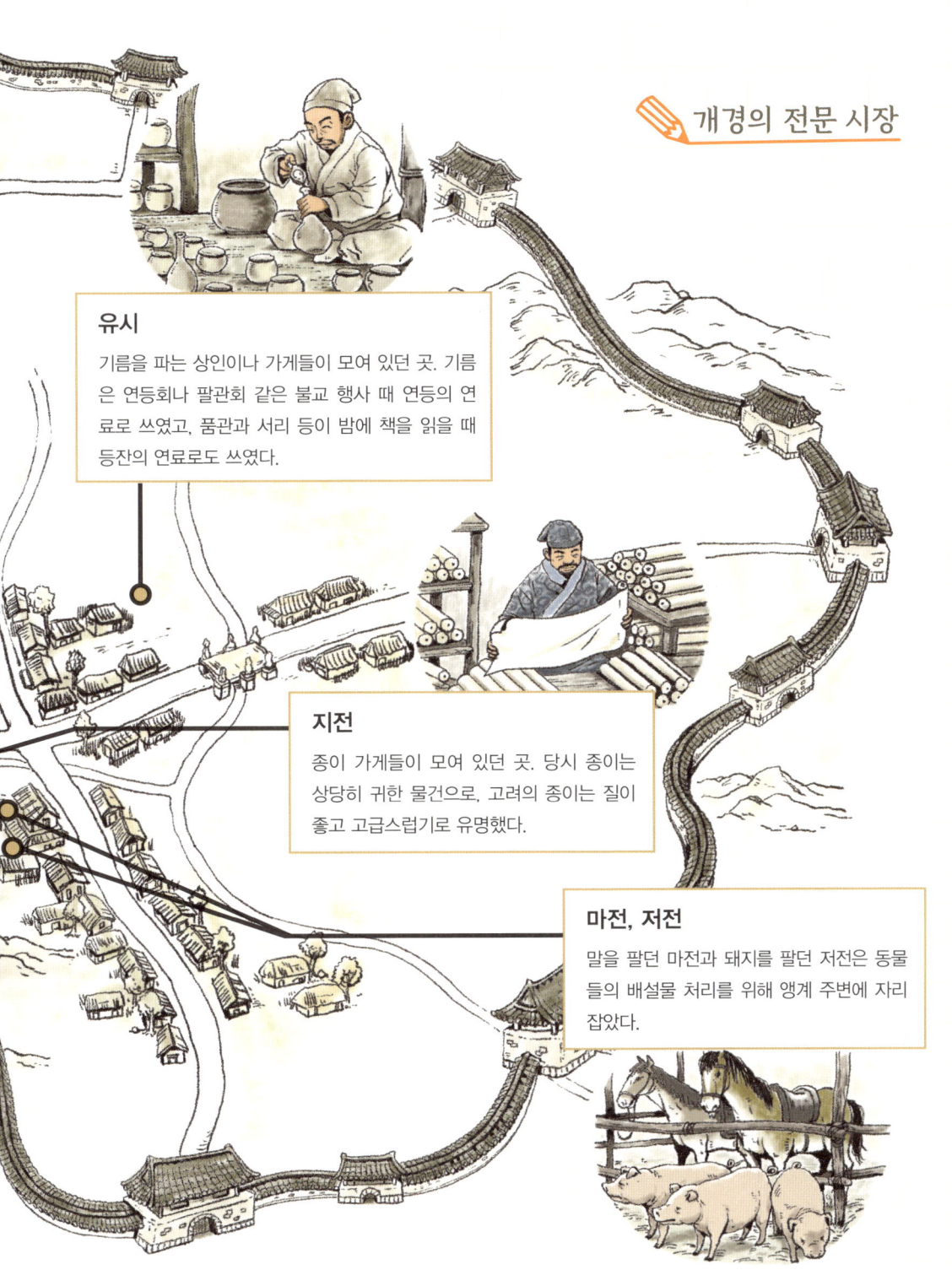

✏️ 개경의 전문 시장

유시
기름을 파는 상인이나 가게들이 모여 있던 곳. 기름은 연등회나 팔관회 같은 불교 행사 때 연등의 연료로 쓰였고, 품관과 서리 등이 밤에 책을 읽을 때 등잔의 연료로도 쓰였다.

지전
종이 가게들이 모여 있던 곳. 당시 종이는 상당히 귀한 물건으로, 고려의 종이는 질이 좋고 고급스럽기로 유명했다.

마전, 저전
말을 팔던 마전과 돼지를 팔던 저전은 동물들의 배설물 처리를 위해 앵계 주변에 자리 잡았다.

사진 자료 제공
117p **마도1호선** 태안해양유물전시관
117p **완도선** 국립해양문화재연구소
118p **신안선의 무역품들** 국립중앙박물관
118p **고려 먹** 국립해양문화재연구소
118p **청동거울** 국립해양문화재연구소
118p **해동통보** 국립해양문화재연구소
118p **나전칠기** 국립해양문화재연구소

마법의 두루마리 2
고려의 시장에서 만난 아라비아 상인

© 강무홍, 이정강, 2023

1판 2쇄 펴낸날 2024년 6월 28일
글 강무홍 **그림** 이정강 **감수** 박종기
편집 이은영 **디자인** 박정아
펴낸이 강무홍 **펴낸곳** 햇살과나무꾼
등록 2009년 07월 08일(제313-2004-54)
주소 서울시 영등포구 당산로54길 11 상가 305호
전화 02-324-9704
전자우편 namukun@namukun.com
ISBN 979-11-976957-3-5(73810)

* 신저작권법에 따라 한국 내에서 보호를 받는 저작물이므로 무단 전재와 무단 복제를 금합니다.